Dr. Oetker

Blitz Grillen

Dr. Oetker

Blitz Grillen

Dr. Oetker Verlag

Vorwort

Lust auf einen spontanen Grill-Abend mit der Familie oder ein Barbecue mit Freunden? Es sollen aber nicht immer nur Würstchen sein? Kein Problem mit den vielseitigen und unkomplizierten Blitz-Rezepten von Dr. Oetker. In maximal 30 Minuten sind Tandoori-Spieße, gefüllte Putenröllchen, Curryforellen oder Lammkoteletts fertig für den heißen Grill.

Fleisch, Fisch und Geflügel müssen hier nicht stundenlang oder über Nacht marinieren – eine halbe bis eine Stunde reicht aus. Bereiten Sie die Marinaden auf Vorrat zu und gießen Sie sie am Grilltag einfach über das Grillgut. Die erfrischende Joghurt-Ingwer-Marinade und die orientalische 1001-Nacht-Marinade halten sich im Kühlschrank 3–4 Tage frisch.

Neben Klassikern mit saftigem Rind-, Lamm- und Schweinefleisch oder leichtem Fisch, finden Sie vielerlei vegetarische Genüsse wie gegrillten Halloumi mit Tomaten-Kapern-Sugo oder Gemüsesalat vom Grill.

Im Nu zaubern Sie dazu köstliche, selbst gemachte Saucen und Dips: Die klassische Barbecue-Sauce darf auf keinen Fall fehlen. Rote-Linsen-Dip oder Mayonnaisen sind blitzschnell zubereitet und werden Ihre Gäste ebenso begeistern. Leckere Blitz-Salate, Brote und Snacks machen den geselligen Grill-Abend dann perfekt.

Alle Rezepte wurden wie immer ausprobiert und sind so beschrieben, dass sie garantiert gelingen.

Zubereitungszeit: 10 Minuten (5 Minuten für jede Marinade)
Marinierzeit: Fleisch etwa 1 Stunde, Fisch etwa 30 Minuten

Insgesamt Joghurt-Ingwer-Marinade:
E: 11 g, F: 11 g, Kh: 20 g, kJ: 1006, kcal: 240, BE: 1,5
Insgesamt Limetten-Majoran-Marinade:
E: 2 g, F: 121 g, Kh: 13 g, kJ: 4798, kcal: 1146, BE: 0,5

Joghurt-Ingwer- und Limetten-Majoran-Marinade

Fruchtig – gut vorzubereiten

Zutaten für die Joghurt-Ingwer-Marinade (im Foto vorne):
3 fein gewürfelte Knoblauchzehen • 1 TL frischer, fein geriebener Ingwer • 1 EL fein gehackte Minze • 250 g Joghurt • Schale und Saft von 1 Bio-Limette (unbehandelt, ungewachst) • ½ TL gemahlener Kreuzkümmel (Cumin) • ½ TL gemahlener Koriander • 1 gestr. TL Cayennepfeffer • Salz • 1 Prise Zucker
Zutaten für die Limetten-Majoran-Marinade (im Foto hinten):
1 fein gewürfelte Knoblauchzehe • 1–2 EL gerebelter Majoran • 120 ml Olivenöl • Schale und Saft von 2 Bio-Limetten (unbehandelt, ungewachst) • frisch gemahlener Pfeffer

1. Für die Joghurt-Ingwer-Marinade Knoblauchwürfel, Ingwer, Minze, Joghurt, Limettenschale und -saft, Kreuzkümmel, Koriander und Cayennepfeffer in eine Schüssel geben. Die Zutaten gut verrühren und mit Salz und Zucker würzen.

2. Vorbereitetes Grillgut in eine flache Schale oder Auflaufform legen. Die Marinade darübergießen. Das Grillgut zugedeckt im Kühlschrank 30–60 Minuten marinieren und evtl. nach der Hälfte der Marinierzeit einmal wenden.

3. Für die Limetten-Majoran-Marinade Knoblauchwürfel, Majoran, Olivenöl, Limettenschale und -saft in eine Schüssel geben. Die Zutaten gut verrühren und mit Salz und Pfeffer würzen.

4. Vorbereitetes Grillgut in eine flache Schale oder Auflaufform legen. Die Marinade darübergießen. Das Grillgut zugedeckt im Kühlschrank 30–60 Minuten marinieren und evtl. nach der Hälfte der Marinierzeit einmal wenden.

Tipps: Jede Marinade reicht für etwa 1 kg Fleisch oder Fisch.

Die Joghurt-Ingwer-Marinade eignet sich für Lammkoteletts, Hähnchenbrustfilets, Hähnchenflügel oder Fischfilets.

Die Limetten-Majoran-Marinade eignet zum Beispiel für Putenbrustfilets, Putenbrustschnitzel, Hähnchen-Gemüse-Spieße (siehe Titelfoto), Hähnchenschenkel, Fischfilets, Rinder-, Schweine-, Lamm- oder Kalbsteaks.

Beide Marinaden halten sich gut verschlossen im Kühlschrank 3–4 Tage frisch.

Zubereitungszeit: etwa 10 Minuten
Marinierzeit: Fleisch etwa 1 Stunde, Fisch etwa 30 Minuten

Insgesamt:
E: 13 g, F: 69 g, Kh: 7 g, kJ: 2921, kcal: 698, BE: 0,5

Senf-Marinade

Richtig schnell

Zutaten: 1 kleine Zwiebel • 1 Knoblauchzehe • 1–2 Stängel Oregano • 2 EL scharfer Senf • 4 EL Weißwein-Essig • 4 EL Olivenöl • 50 g gehobelte Mandeln • Salz • frisch gemahlener Pfeffer

1. Die Zwiebel abziehen, halbieren und fein würfeln. Knoblauch ebenfalls abziehen und fein würfeln. Oregano abspülen, trocken tupfen und die Blättchen von den Stängeln zupfen. Die Blättchen grob hacken.

2. Zwiebel- und Knoblauchwürfel, Oregano, Senf, Essig und Olivenöl in eine Schüssel geben. Die Zutaten kräftig verrühren. Die Mandeln kurz unterrühren. Die Marinade mit Salz und Pfeffer würzen.

3. Vorbereitetes Grillgut (z. B. Fischfilet, Rind-, Schweine-, Lamm-, Kalb- oder Geflügelfleisch) in eine flache Schale oder Auflaufform legen. Die Marinade darüber verteilen. Das Grillgut zugedeckt im Kühlschrank 30–60 Minuten marinieren und evtl. nach der Hälfte der Marinierzeit einmal wenden.

Tipps: Die Marinade reicht für etwa 900 g Fleisch oder Fisch. Sie ist vielseitig einsetzbar und eignet sich zum Beispiel für Rindersteaks, Schweinekoteletts, Schweinenackensteaks, Lammkoteletts, Kalbssteaks, Putenbrust- oder Hähnchenbrustfilets, Putenschnitzel oder Hähnchenflügel sowie für Fischfilets.

Die Senf-Marinade lässt sich ideal vorbereiten und hält sich gut verschlossen im Kühlschrank 3–4 Tage frisch.

Zubereitungszeit: 10 Minuten (5 Minuten für jede Marinade)
Marinierzeit: Fleisch etwa 1 Stunde, Fisch etwa 30 Minuten

Insgesamt Chinesische-Marinade:
E: 21 g, F: 63 g, Kh: 33 g, kJ: 3291, kcal: 786, BE: 1,5
Insgesamt Polnische Marinade:
E: 2 g, F: 100 g, Kh: 12 g, kJ: 4014, kcal: 959, BE: 0,5

Chinesische Marinade und polnische Marinade

Aromatisch

Zutaten für die chinesische Marinade (im Foto hinten):
1 TL frischer, fein geriebener Ingwer • 4 fein gewürfelte Knoblauchzehen • 3 EL TK-Petersilie • 2 rote Chilischoten, entkernt und in Ringe geschnitten • 3 EL Reiswein- oder Apfelessig • 4 EL helle Sojasauce • 1 EL flüssiger Honig • 1 EL Fünf-Gewürze-Pulver • 1 EL geschroteter Szechuanpfeffer • 3 EL dunkles Sesamöl • 2 EL Speiseöl, z. B. Olivenöl • 1 TL Speisestärke

Zutaten für die polnische Marinade (im Foto vorne):
1 fein gewürfelte, kleine Zwiebel • 1 fein gewürfelte Knoblauchzehe • 2 EL TK-Petersilie • 1 TL TK-Dill • 4 EL Weißwein-Essig • Schale und Saft von 1 Bio-Zitrone (unbehandelt, ungewachst) • 1 Msp. gemahlener Piment • 100 ml Speiseöl, z. B. Olivenöl • Salz • frisch gemahlener Pfeffer • 1 Prise Zucker

1. Für die chinesische Marinade alle Zutaten in eine Schüssel geben und sehr gut verrühren.

2. Das vorbereitete Grillgut in eine flache Schale oder Auflaufform legen. Die Marinade darübergießen. Das Grillgut zugedeckt im Kühlschrank 30–60 Minuten marinieren und evtl. nach der Hälfte der Marinierzeit einmal wenden.

3. Für die polnische Marinade Zwiebel- und Knoblauchwürfel, Petersilie, Dill, Essig, Zitronenschale und -saft, Piment und Speiseöl in eine Schüssel geben. Die Zutaten sehr gut verrühren und mit Salz, Pfeffer und Zucker würzen.

4. Das vorbereitete Grillgut in eine flache Schale oder Auflaufform legen. Die Marinade darübergießen. Das Grillgut zugedeckt im Kühlschrank 30–60 Minuten marinieren und evtl. nach der Hälfte der Marinierzeit einmal wenden.

Tipps: Jede Marinade reicht für etwa 1 kg Fleisch oder Fisch.

Beide Marinaden eignen sich zum Beispiel für Putenbrust- oder Hähnchenbrustfilets, Rindersteaks, Schweine- oder Fischfilets. Schweinefiletscheiben zusätzlich mit etwas Frühstücksspeck (Bacon) umwickeln, so bleiben sie schön saftig (Titelfoto).

Gut verschlossen halten sich die Marinaden im Kühlschrank 3–4 Tage frisch.

Zubereitungszeit: 5 Minuten
Marinierzeit: Fleisch etwa 1 Stunde, Fisch etwa 30 Minuten

Insgesamt:
E: 2 g, F: 102 g, Kh: 10 g, kJ: 4001, kcal: 956, BE: 0,5

1001-Nacht-Marinade
Orientalisch

Zutaten: 2 Knoblauchzehen • 2 Stängel Koriander • 1 Bio-Limette (unbehandelt, ungewachst) • 1 TL Chilipulver • 1 TL Kreuzkümmel (Cumin) • 1 TL gemahlener Koriander • 1 Msp. Safranpulver oder gemahlene Kurkuma • 100 ml Olivenöl • Salz • frisch gemahlener Pfeffer • 1 Prise Zucker

1. Die Knoblauchzehen abziehen und durch eine Knoblauchpresse drücken oder sehr fein würfeln. Korianderstängel abspülen, trocken tupfen und die Blättchen von den Stängeln zupfen. Blättchen fein hacken.

2. Die Limette heiß abspülen, abtrocknen und die Schale fein abreiben. Limette halbieren und den Saft auspressen.

3. Limettenschale und -saft mit Knoblauchwürfeln, Korianderblättchen, Chilipulver, Kreuzkümmel, gemahlenem Koriander, Safran oder Kurkuma und Olivenöl in einer Schüssel sehr gut und kräftig verrühren. Die Marinade mit Salz, Pfeffer und Zucker würzen.

4. Das Grillgut in eine flache Schale oder Auflaufform legen. Die Marinade darübergießen. Das Grillgut zugedeckt im Kühlschrank 30–60 Minuten marinieren und evtl. nach der Hälfte der Marinierzeit einmal wenden.

Tipps: Die Marinade reicht für etwa 1 kg Fleisch oder Fisch. Sie schmeckt zum Beispiel als Marinade für Lammfilets, Rindersteaks, Schweinenackensteaks, Putenbrustfilets, Hähnchenschenkel, -flügel oder Fischfilets.

Die 1001-Nacht-Marinade hält sich gut verschlossen im Kühlschrank 3–4 Tage frisch.

Zubereitungszeit: 30 Minuten
Marinierzeit: etwa 1 Stunde
Grillzeit: etwa 5 Minuten

12 Stück • Pro Stück:
E: 11 g, F: 1 g, Kh: 2 g, kJ: 295, kcal: 71, BE: 0,54

Tandoori-Spieße mit Knoblauch-Dip

Exotisch

Zutaten: 3 Hähnchenbrustfilets (etwa 500 g) • 150 g Joghurt • etwa 2 EL Tandoori-Gewürzmischung
Für den Knoblauch-Dip: • 1–2 Knoblauchzehen • 300 g Joghurt • 2 EL Zitronensaft • Salz • frisch gemahlener Pfeffer
Außerdem: 12 Holzspieße • Alu-Grillschalen

1. Die Hähnchenbrustfilets unter fließendem kalten Wasser abspülen, trocken tupfen und in dünne Streifen schneiden. Die Fleischstreifen wellenförmig auf die Holzspieße stecken.

2. Joghurt mit der Gewürzmischung in einer Schüssel verrühren. Das Fleisch in eine flache Schale oder Auflaufform legen, mit der Joghurt-Tandoori-Mischung bestreichen und zugedeckt im Kühlschrank etwa 1 Stunde marinieren.

3. Für den Knoblauch-Dip inzwischen Knoblauch abziehen und durch eine Knoblauchpresse drücken oder sehr fein hacken. Knoblauch unter den Joghurt rühren. Den Knoblauch-Dip mit Zitronensaft, Salz und Pfeffer würzen.

4. Die Spieße etwas abtropfen lassen und am besten in Alu-Grillschalen auf den heißen Grill legen. Die Tandoori-Spieße etwa 5 Minuten grillen, dabei gelegentlich wenden.

5. Die Spieße mit dem Knoblauch-Dip servieren.

Tipps: Die Holzspieße evtl. in kaltem Wasser einweichen, damit sie aufquellen und nicht splittern.

Das Fleisch lässt sich besonders gut schneiden, wenn man es vorher etwa 2 Stunden in das Gefrierfach legt.

Schneller geht's, wenn man die Spieße bereits am Vorabend mit der Joghurt-Gewürz-Mischung bestreicht und zugedeckt in den Kühlschrank stellt.

Anstelle der Tandoori-Gewürzmischung kann man auch je 1 Teelöffel Knoblauchpulver, Paprikapulver edelsüß, Cayennepfeffer, gemahlenen Ingwer und 1 Messerspitze gemahlenen Koriander verwenden.

Zubereitungszeit: 30 Minuten, ohne Abkühlzeit
Grillzeit: etwa 8 Minuten

8 Stück • Pro Stück:
E: 5 g, F: 9 g, Kh: 14 g, kJ: 665, kcal: 159, BE: 1,0

Kartoffel-Zwiebel-Spieße

Preiswert

Zutaten: 800 g kleine, festkochende Kartoffeln (etwa 24 Stück) • 150 g dünne Scheiben durchwachsener Speck (Bacon) • 4 Frühlingszwiebeln • 6 EL Olivenöl • 1 TL gerebelter Rosmarin • ½ TL Salz • evtl. 1 TL Kümmelsamen
Außerdem: 8 Holzspieße

1. Die Kartoffeln gründlich waschen und mit Schale in einem Topf knapp mit Wasser bedeckt zum Kochen bringen. Kartoffeln zugedeckt etwa 10 Minuten kochen, dann abgießen. Die Kartoffeln abkühlen lassen und halbieren.

2. Den Speck quer halbieren und aufrollen. Die Frühlingszwiebeln putzen, abspülen und abtropfen lassen. Das Frühlingszwiebelgrün bis auf etwa 15 cm abschneiden. Frühlingszwiebeln in je 4 Stücke schneiden. Kartoffelstücke, Speckröllchen und Frühlingszwiebeln abwechselnd auf die Spieße stecken.

3. Die vorbereiteten Spieße mit etwas Olivenöl bestreichen und auf den heißen Grillrost (gefettet) legen. Unter Wenden die Spieße etwa 8 Minuten grillen, dabei zwischendurch mit Olivenöl bestreichen. Kurz vor Ende der Grillzeit das restliche Olivenöl mit Rosmarin, Salz und nach Belieben mit Kümmelsamen verrühren. Die Kartoffel-Zwiebel-Spieße damit bestreichen.

Tipps: Die Spieße evtl. auf Alufolie oder in Alu-Grillschalen (beides dünn mit Speiseöl bestrichen) grillen.

Dazu passt Zaziki oder ein Frischkäse-Dip.

Für vegetarische Kartoffel-Zwiebel-Spieße den Speck durch rote Paprikastücke ersetzen.

Zubereitungszeit: 30 Minuten
Marinierzeit: etwa 30 Minuten
Grillzeit: etwa 10 Minuten

8–10 Stück • Pro Stück:
E: 11 g, F: 17 g, Kh: 3 g, kJ: 860, kcal: 206, BE: 0,2

Cevapcici-Spieße
Raffiniert

Zutaten: 3 EL Sonnenblumenöl • 1 fein gewürfelte Zwiebel • 2 fein gewürfelte Knoblauchzehen • 2–3 EL TK-Petersilie • 1 gelbe Paprikaschote • 1 rote Zwiebel • 500 g Gehacktes vom Schwein • 1 EL Weizen- oder Dinkelmehl • Salz • frisch gemahlener Pfeffer • 1 TL Paprikapulver edelsüß • 1 rote Peperoni, entkernt und fein gehackt • 2 fein gewürfelte Knoblauchzehen • 3 EL Olivenöl • evtl. geschrotete rosa Pfefferbeeren
Außerdem: 8–10 Holz- oder Metallspieße

1. Das Öl in einer Pfanne erhitzen. Die Zwiebelwürfel darin glasig dünsten. Knoblauchwürfel hinzugeben, kurz mitdünsten, Petersilie unterrühren. Die Zwiebel-Knoblauch-Mischung auf einen Teller geben.

2. Die Paprikaschote halbieren, entstielen, entkernen und die weißen Scheidewände entfernen. Schote abspülen, abtropfen lassen und in größere Stücke schneiden. Die rote Zwiebel abziehen, vierteln und in einzelne Schichten teilen.

3. Gehacktes mit Mehl, Salz, Pfeffer und Paprikapulver gut vermengen. Die Zwiebel-Knoblauch-Mischung und die Peperoni untermengen. Aus der Fleischmasse mit angefeuchteten Händen daumenlange Röllchen formen. Die Fleischröllchen mit Paprikastücken und Zwiebeln auf Spieße stecken. Fleischspieße in eine flache Schale oder Auflaufform legen.

4. Knoblauch mit Olivenöl in einer Schüssel verrühren. Die Fleischröllchen damit bestreichen und zugedeckt im Kühlschrank etwa 30 Minuten marinieren.

5. Die Spieße evtl. mit Pfefferbeeren bestreuen und auf dem heißen Grillrost (gefettet) etwa 5 Minuten grillen, wenden, nochmals mit dem Knoblauchöl bestreichen und weitere etwa 5 Minuten grillen.

Tipps: Damit die Spieße nicht auf dem Grill festbrennen, sie am besten auf geölte Alufolie legen.

Dazu schmeckt der verfeinerte Krautsalat von Seite 67.

Zubereitungszeit: 20 Minuten, ohne Auftauzeit
Marinierzeit: etwa 1 Stunde
Grillzeit: 15–20 Minuten

4–6 Portionen • Pro Portion:
E: 17 g, F: 16 g, Kh: 13 g, kJ: 1119, kcal: 267, BE: 1,0

Glasierte Hähnchenflügel
Für Kinder – einfach

Zutaten: etwa 20 frische oder TK-Hähnchenflügel (gut 1 kg) • 4 EL Sojasauce • 6 EL flüssiger Honig • 1 TL gemahlener Ingwer • 2 TL Chilipulver • Salz • frisch gemahlener Pfeffer • evtl. gemahlener Koriander • etwas Weißwein-Essig oder Zitronensaft
Außerdem: Alu-Grillschalen

1. Die Hähnchenflügel (TK-Hähnchenflügel auftauen lassen) unter fließendem kalten Wasser abspülen und trocken tupfen. Hähnchenflügel in eine flache Schale oder Auflaufform legen.

2. Die Sojasauce mit Honig, Ingwer und Chilipulver in einer Schüssel gut verrühren. Die Marinade mit Salz, Pfeffer, evtl. Koriander und Essig oder Zitronensaft abschmecken. Die Hähnchenflügel mit der Marinade bestreichen und etwa 1 Stunde zugedeckt im Kühlschrank marinieren.

3. Die Hähnchenflügel etwas abtropfen lassen, in Alu-Grillschalen (dünn mit Speiseöl bestrichen) legen und auf dem heißen Grill unter mehrmaligem Wenden 15–20 Minuten grillen. Die Hähnchenflügel während des Grillens immer mal wieder mit der restlichen Marinade bestreichen.

Tipps: Probieren Sie dazu den pikanten Nudelsalat all'arrabbiata von Seite 65. Eine perfekte Ergänzung ist die Barbecue-Sauce von Seite 57.

Die Marinade eignet sich auch für Hähnchenbrustfilets oder -schenkel (siehe auch Titelfoto)

Statt dieser Marinade schmecken die Hähnchenflügel auch mit der 1001-Nacht-Marinade von Seite 13 sehr gut.

Zubereitungszeit: 20 Minuten
Grillzeit: etwa 15 Minuten

8 Stück • Pro Stück:
E: 29 g, F: 12 g, Kh: 4 g, kJ: 1017, kcal: 243, BE: 0,5

Gefüllte Putenröllchen
Warm und kalt ein Genuss

Zutaten: 1 Knoblauchzehe • 100 g geröstete, gesalzene Erdnusskerne • 50 g Erdnussbutter (Erdnusscreme, crunchy) • 1 TL Sambal Oelek • 2 TL brauner Zucker • 1–2 TL Sojasauce • 3 EL Wasser • Salz • 3 Frühlingszwiebeln (etwa 100 g) • 8 sehr dünne Putenschnitzel (je etwa 100 g) • 1–2 EL Speiseöl, z. B. Rapsöl
Außerdem: 8 kleine Holzstäbchen

1. Den Knoblauch abziehen, mit den Erdnusskernen grob hacken und in einen hohen Rührbecher geben. Erdnussbutter, ½ Teelöffel Sambal Oelek, braunen Zucker, Sojasauce und Wasser hinzugeben. Die Zutaten pürieren. Die Erdnusspaste mit Salz und restlichem Sambal Oelek abschmecken.

2. Frühlingszwiebeln putzen, abspülen, abtropfen lassen und in sehr dünne Ringe schneiden.

3. Die Putenschnitzel unter fließendem kalten Wasser abspülen und trocken tupfen. Putenschnitzel mit etwas Salz bestreuen und mit der Erdnusspaste bestreichen. Die Frühlingszwiebelringe daraufstreuen. Die Putenschnitzel aufrollen und mit Holzstäbchen feststecken.

4. Putenröllchen vor dem Grillen rundherum dünn mit Speiseöl bestreichen und bei mittlerer Hitze oder am Rand des Grillrosts (gefettet) etwa 15 Minuten grillen. Dabei die Röllchen immer wieder wenden.

Tipps: Die Putenröllchen warm oder kalt mit süß-scharfer Sauce – zum Beispiel mit der Curry-Sauce von Seite 61 – oder einfach mit etwas Sojasauce servieren.

Die Röllchen lassen sich auch mit dünnen Schweineschnitzeln zubereiten.

Noch bunter werden die Röllchen, wenn man zusätzlich eine kleine, in dünne Streifen geschnittene, gelbe Paprikaschote mit einrollt.

Zubereitungszeit: 30 Minuten
Grillzeit: 10–15 Minuten

10 Stück • Pro Stück:
E: 34 g, F: 8 g, Kh: 0 g, kJ: 897, kcal: 215, BE: 0,0

Mediterranes Hähnchenbrustfilet
Mal was anderes – gut vorzubereiten

Zutaten: 1 kleiner Topf frisches Basilikum • 90 g grüne Oliven, ohne Stein • 6 Sardellenfilets in Öl • 1 kleine, getrocknete Peperoni • 6 EL Olivenöl • 10 Hähnchenbrustfilets (je 130–150 g) • 1–2 TL Speiseöl, z. B. Olivenöl • frisch gemahlener, bunter Pfeffer

1. Basilikum abspülen, trocken tupfen und die Blättchen von den Stängeln zupfen. Die Blättchen evtl. etwas kleiner zupfen.

2. Die Oliven in einem Sieb gut abtropfen lassen. Oliven, Sardellenfilets und Peperoni fein hacken und in eine Schüssel geben. Olivenöl und Basilikumblättchen hinzufügen. Die Zutaten gut verrühren.

3. Hähnchenbrustfilets unter fließendem kalten Wasser abspülen und trocken tupfen. Die Hähnchenbrustfilets dünn mit Speiseöl bestreichen, auf den heißen Grill (gefettet) legen und von beiden Seiten 10–15 Minuten grillen.

4. Die Hähnchenbrustfilets mit Pfeffer bestreuen und mit der Marinade bestreichen.

Tipps: Die Hähnchenbrustfilets können schon am Vortag mariniert werden. Dazu die trocken getupften Hähnchenbrustfilets in eine flache Schale oder Auflaufform legen, mit buntem Pfeffer bestreuen und mit der Marinade bestreichen. Die Filets mit Frischhaltefolie zugedeckt im Kühlschrank aufbewahren. Die Marinade vor dem Grillen abstreichen.

Dazu passen Salat und knuspriges Baguette oder Fladenbrot.

Zubereitungszeit: 30 Minuten
Marinierzeit: etwa 30 Minuten
Grillzeit: etwa 12 Minuten

4 Portionen • Pro Portion:
E: 31 g, F: 15 g, Kh: 0 g, kJ: 1086, kcal: 259, BE: 0,0

Lammkarrees
Etwas teurer

Zutaten: 4 Lammkarrees (je 150 g) • 2 Knoblauchzehen • etwas frischer Thymian • 4 EL Olivenöl • Salz • frisch gemahlener Pfeffer
Außerdem: Alufolie

1. Die Lammkarrees unter fließendem kalten Wasser abspülen, trocken tupfen und in eine flache Schale oder Auflaufform legen.

2. Die Knoblauchzehen abziehen und durch eine Knoblauchpresse drücken oder sehr fein hacken. Thymian abspülen und trocken tupfen. Die Blättchen von den Stängeln zupfen.

3. Olivenöl mit Knoblauch, Thymianblättchen, Salz und Pfeffer in einer Schüssel verrühren. Die Lammkarrees mit der Marinade bestreichen und zugedeckt im Kühlschrank etwa 30 Minuten marinieren.

4. Die Lammkarrees auf Alufolie (evtl. dünn mit Olivenöl bestrichen) auf den heißen Grill legen und von beiden Seiten unter mehrmaligem Wenden etwa 12 Minuten grillen. Die Lammkarrees während des Grillens ab und zu mit der Marinade bestreichen.

Tipps: Dazu schmecken gegrillte Tomaten und Fladenbrot oder das Katalanische Tomatengrillbrot von Seite 75.

Probieren Sie zum Marinieren von Lammkarrees auch einmal die Joghurt-Ingwer- und die Limetten-Majoran-Marinade von Seite 7.

Zubereitungszeit: 30 Minuten
Marinierzeit: etwa 30 Minuten
Grillzeit: etwa 12 Minuten

4 Portionen • Pro Portion:
E: 31 g, F: 21 g, Kh: 1 g, kJ: 1331, kcal: 318, BE: 0,0

Lammkoteletts in Zitronenmarinade
Einfach lecker

Zutaten: 16 Lammkoteletts (aus der Krone) • 2 Knoblauchzehen • 4 EL Olivenöl • 2 EL Zitronensaft • Schale von 1 Bio-Zitrone (unbehandelt, ungewachst) oder 1 Pck. Dr. Oetker Finesse Geriebene Zitronenschale
Außerdem: Alufolie

1. Die Lammkoteletts unter fließendem kalten Wasser abspülen, trocken tupfen und in eine flache Schale oder Auflaufform legen.

2. Die Knoblauchzehen abziehen und durch eine Knoblauchpresse drücken oder sehr fein hacken. Knoblauch mit Olivenöl, Zitronensaft und -schale gut verrühren.

3. Die Lammkoteletts mit der Zitronenmarinade bestreichen und zugedeckt im Kühlschrank etwa 30 Minuten marinieren.

4. Die Lammkoteletts auf Alufolie (dünn mit Speiseöl bestrichen) auf den heißen Grill legen und von beiden Seiten unter mehrmaligem Wenden insgesamt etwa 12 Minuten grillen.

Tipps: Die Zitronenmarinade schmeckt auch mit anderen Fleischsorten. Sie eignet sich gut für Lammkarrees, -filets, für Fischfilets, Hähnchenbrust- oder Putenbrustfilets.

Lammkoteletts schmecken auch mit der 1001-Nacht-Marinade von Seite 13 sehr lecker.

Dazu passen Zaziki, Fladenbrot und ein gemischter Salat mit Schafkäse.

Zubereitungszeit: 30 Minuten
Marinierzeit: etwa 1 Stunde
Grillzeit: etwa 10 Minuten

4 Portionen • Pro Portion:
E: 43 g, F: 36 g, Kh: 4 g, kJ: 2153, kcal: 514, BE: 0,1

Kalbssteaks mit Limetten und Gemüsespießen

Etwas teurer

Zutaten: 8 kleine Kalbssteaks aus der Keule (je etwa 100 g) • 2 Bio-Limetten (unbehandelt, ungewachst) • 8 EL Olivenöl
Für die Gemüsespieße: 1 kleine Zucchini (etwa 200 g) • 1 kleine Aubergine (etwa 220 g) • 12 kleine Cocktailtomaten (etwa 250 g) • 25 g TK-Kräuter der Provence • 4 EL Olivenöl • Salz • frisch gemahlener Pfeffer • evtl. 1 EL rosa Pfefferbeeren
Außerdem: 4 Holz- oder Metallspieße

1. Die Kalbssteaks mit Küchenpapier trocken tupfen. Steaks in eine flache Schale oder Auflaufform legen. Die Limetten heiß abspülen, abtrocknen und in Spalten schneiden. Limettenspalten auf den Kalbssteaks verteilen. Das Olivenöl darüberträufeln. Die Kalbssteaks zugedeckt im Kühlschrank etwa 1 Stunde marinieren.

2. Für die Spieße Zucchini und Aubergine abspülen, abtrocknen und die Enden abschneiden. Zucchini und Aubergine in mundgerechte Stücke schneiden. Tomaten abspülen, abtrocknen und die Stängelansätze entfernen.

3. Das vorbereitete Gemüse in bunter Reihenfolge auf Holz- oder Metallspieße stecken. Die Gemüsespieße in eine flache Schale oder Auflaufform legen und mit Kräutern der Provence betreuen. Gemüsespieße mit Olivenöl beträufeln und ebenfalls zugedeckt im Kühlschrank etwa 1 Stunde marinieren.

4. Die Kalbssteaks, die Limettenspalten und die Gemüsespieße (evtl. etwas abtropfen lassen) auf den heißen Grill (gefettet) legen und etwa 10 Minuten grillen, dabei gelegentlich wenden. Kalbssteaks und Gemüsespieße mit Salz und Pfeffer würzen. Die Kalbssteaks nach Belieben mit Pfefferbeeren bestreuen.

Tipp: Die Gemüsespieße am besten auf mit etwas Speiseöl bestrichener Alufolie oder in Alu-Grillschalen (ebenfalls geölt) am Rand des Grillrosts grillen.

Zubereitungszeit: 20 Minuten
Marinierzeit: etwa 1 Stunde
Grillzeit: etwa 10 Minuten

4 Portionen • Pro Portion:
E: 30 g, F: 23 g, Kh: 2 g, kJ: 1411, kcal: 337, BE: 0,0

Nackenkoteletts
Klassisch

Zutaten: 4 dünne Schweinenackenkoteletts (je etwa 180 g) • 2 Zwiebeln • 1–2 Knoblauchzehen • 1–2 EL mittelscharfer Senf • frisch gemahlener Pfeffer • 3–4 EL Olivenöl • Salz
Außerdem: evtl. Alufolie

1. Die Nackenkoteletts unter fließendem kalten Wasser abspülen und trocken tupfen.

2. Zwiebeln und Knoblauchzehen abziehen. Die Zwiebeln zuerst in Scheiben schneiden, dann in Ringe teilen. Knoblauch durch eine Knoblauchpresse drücken oder sehr fein hacken.

3. Den Senf mit dem Knoblauch in einer Schüssel verrühren. Die Nackenkoteletts von beiden Seiten dick mit der Senfmarinade bestreichen und mit Pfeffer bestreuen. Nackenkoteletts in eine flache Schale oder Auflaufform legen und mit Zwiebelringen belegen. Olivenöl auf die Nackenkoteletts träufeln. Die Nackenkoteletts zugedeckt im Kühlschrank etwa 1 Stunde marinieren.

4. Die Nackenkoteletts aus der Marinade nehmen, die Zwiebeln abstreifen. Die Nackenkoteletts auf den heißen Grill (gefettet) legen und von jeder Seite etwa 5 Minuten grillen. Nackenkoteletts mit Salz bestreuen. Die Zwiebeln nach Belieben ebenfalls grillen. Den Grillrost dazu mit Alufolie (dünn mit Speiseöl bestrichen) bedecken. Die gegrillten Zwiebeln mit den Nackenkoteletts servieren.

Tipp: Dazu passen ein gemischter Salat und ein fruchtiges **Zwiebel-Knoblauch-Chutney:** 250 g vorbereitetes Pfirsichfruchtfleisch pürieren. Pfirsichpüree mit 250 g Zwiebelwürfeln, 60 g Frühlingszwiebeln (in feine Ringe geschnitten), 25 g fein gehacktem Knoblauch, 10 g Senfkörnern und 60 ml Apfelessig in einem Topf unter Rühren etwa 5 Minuten dünsten. 125 g Extra Gelier Zucker (2:1) gut unterrühren. Alles unter Rühren zum Kochen bringen und 5 Minuten unter ständigem Rühren kochen lassen. Chutney mit Salz und Pfeffer abschmecken und nochmals unter Rühren aufkochen lassen. Den Topf von der Kochstelle nehmen und sofort randvoll in vorbereitete Gläser mit Twist-off-Deckeln® füllen, verschließen, umdrehen und etwa 5 Minuten auf dem Deckel stehen lassen.

Zubereitungszeit: 30 Minuten
Marinierzeit: etwa 1 Stunde
Grillzeit: etwa 30 Minuten

8 Portionen • Pro Portion:
E: 23 g, F: 46 g, Kh: 11 g, kJ: 2283, kcal: 546, BE: 3,0

Spareribs mit Bananen-Curry-Dip

Fruchtig-asiatisch

Zutaten: 100 g Mango-Chutney (aus dem Glas) • 100 g Currypaste • 8 EL Speiseöl, z. B. Sonnenblumenöl • 2 kg ungewürzte Spareribs (Schälrippchen)
Für den Bananen-Curry-Dip: 2 kleine Bananen (etwa 300 g) • 100 g Delikatessmayonnaise • 1 TL Currypulver • Salz • frisch gemahlener Pfeffer • evtl. einige Stängel Rosmarin

1. Das Mango-Chutney mit der Currypaste und dem Speiseöl in einer Schüssel verrühren. Große Fruchtstücke des Mango-Chutneys dabei evtl. zerkleinern.

2. Die Spareribs in Stücke schneiden, unter fließendem kalten Wasser abspülen, trocken tupfen und in eine flache Schale oder Auflaufform legen.

3. Die Spareribs mit der Mango-Curry-Marinade bestreichen und zugedeckt im Kühlschrank etwa 1 Stunde marinieren.

4. Für den Dip Bananen schälen und mit einer Gabel in einer Schüssel zerdrücken. Mayonnaise und Curry hinzufügen, die Zutaten verrühren. Den Bananen-Curry-Dip mit Salz und Pfeffer würzen.

5. Die Spareribs etwas abtropfen lassen, auf den heißen Grill (gefettet) legen und unter mehrmaligem Wenden etwa 30 Minuten grillen.

6. Nach Belieben zum Garnieren Rosmarin abspülen, trocken tupfen und in kleinere Stücke zupfen. Die Spareribs mit Rosmarinstängeln garnieren und mit dem Dip servieren.

Zubereitungszeit: 25 Minuten
Marinierzeit: etwa 1 Stunde
Grillzeit: etwa 15 Minuten

4–5 Portionen • Pro Portion:
E: 69 g, F: 43 g, Kh: 3 g, kJ: 2831, kcal: 677, BE: 0,2

Schweinenackensteaks in Malzbier-Kräuter-Marinade

Beliebt

Zutaten: 100 ml Malzbier • 1 EL mittelscharfer Senf • 6 EL Speiseöl, z. B. Sonnenblumenöl • 25 g gemischte TK-Kräuter • 10 Schweinenackensteaks (je 150 g) • grob gemahlener, bunter Pfeffer • Salz

1. Malzbier, Senf und Speiseöl in eine Schüssel geben. Die Zutaten gut verrühren. Die gemischten Kräuter unterrühren.

2. Die Schweinenackensteaks unter fließendem kalten Wasser abspülen und trocken tupfen. Schweinenackensteaks von beiden Seiten mit Pfeffer bestreuen und in eine flache Schale oder Auflaufform legen.

3. Die Schweinenackensteaks mit der Malzbier-Kräuter-Marinade bestreichen und zugedeckt im Kühlschrank etwa 1 Stunde marinieren.

4. Schweinenackensteaks etwas abtropfen lassen, auf den heißen Grill (gefettet) legen und unter gelegentlichem Wenden etwa 15 Minuten grillen. Die Schweinenackensteaks mit Salz bestreuen.

Tipps: Dazu passt die Barbecue-Sauce von Seite 57.

Die Malzbier-Kräuter-Marinade schmeckt auch mit Schweinenackenkoteletts sehr lecker.

Für ein besonders intensives Aroma die Schweinenackensteaks über Nacht in der Malzbier-Kräuter-Marinade durchziehen lassen.

Zubereitungszeit: 25 Minuten
Grillzeit: Lachskoteletts etwa 14 Minuten, Tomaten etwa 10 Minuten

4 Portionen • Pro Portion:
E: 32 g, F: 41 g, Kh: 5 g, kJ: 2162, kcal: 519, BE: 0,1

Lachskoteletts vom Grill

Einfach

Zutaten: 4 Lachskoteletts (je etwa 180 g) • etwas Zitronensaft • 6 EL Speiseöl, z. B. Olivenöl • Salz • frisch gemahlener Pfeffer • 8 mittelgroße Tomaten • 100 g Kräuterbutter • ½ Kästchen Kresse
Außerdem: Alufolie

1. Die Lachskoteletts unter fließendem kalten Wasser abspülen und trocken tupfen. Lachskoteletts mit Zitronensaft beträufeln und mit Speiseöl bestreichen. Dann die Lachskoteletts mit Salz und Pfeffer würzen.

2. Die Lachskoteletts auf den heißen Grill (gefettet) legen und von jeder Seite etwa 7 Minuten grillen. Während des Grillens den Lachs ab und zu mit etwas Speiseöl bestreichen.

3. Die Tomaten abspülen, trocken tupfen und die Stängelansätze entfernen. Tomaten an der runden Seite kreuzweise einschneiden, mit Salz und Pfeffer würzen. Kräuterbutter in 16 Scheiben schneiden. Die Tomaten auf der eingeschnittenen Seite jeweils mit 1 Scheibe Kräuterbutter belegen. Je eine Tomate in einen Bogen Alufolie wickeln und etwa 10 Minuten mitgrillen.

4. Die Kresse abspülen, trocken tupfen und abschneiden. Die Lachskoteletts mit den restlichen Kräuterbutterscheiben und den ausgewickelten Tomaten servieren. Kresse zum Garnieren darüberstreuen.

Tipps: Die Lachskoteletts evtl. in einer Alu-Grillschale oder auf einem Stück Alufolie (beides dünn mit Speiseöl bestrichen) grillen.

Die **Kräuterbutter-Tomaten** (siehe Titelfoto) nicht in Alufolie wickeln, sondern direkt auf dem Grillrost (gefettet) grillen. Die Tomaten dann jedoch nur 5 Minuten mitgrillen. Die Kräuterbutter erst nach dem Grillen auf die Tomaten geben.

Dazu passt die Rucola-Mayonnaise von Seite 59 sehr gut.

Zubereitungszeit: 30 Minuten
Grillzeit: 16–20 Minuten

4 Portionen • Pro Portion:
E: 43 g, F: 39 g, Kh: 8 g, kJ: 2353, kcal: 561, BE: 0,5

Makrelen mit Dill-Tomaten-Sugo
Pikant

Zutaten: 1 Knoblauchzehe • 1 kleine Zwiebel • 3 Tomaten • 1 kleine rote Chilischote • 4 EL Olivenöl • 1 TL flüssiger Honig • 4 EL Sherry- oder Balsamico-Essig • 2 TL TK-Dill • Salz • frisch gemahlener Pfeffer • 4 küchenfertige Makrelen (je etwa 275 g) • 1 TL Paprikapulver edelsüß • 2–3 Bio-Zitronen (unbehandelt, ungewachst) • etwas Olivenöl
Außerdem: Alu-Grillschalen oder Alufolie

1. Knoblauchzehe und Zwiebel abziehen, halbieren und fein würfeln. Die Tomaten abspülen, abtrocknen, halbieren, vierteln und die Stängelansätze herausschneiden. Tomatenviertel entkernen und in kleine Würfel schneiden. Die Chilischote kurz abspülen, abtrocknen, entstielen, quer halbieren und entkernen. Chilischote in feine Ringe schneiden.

2. Das Olivenöl in einem Topf erhitzen. Knoblauch- und Zwiebelwürfel hinzufügen und glasig dünsten. Honig hinzugeben, unterrühren und leicht karamellisieren lassen.

3. Tomatenwürfel und Chilischotenringe kurz unterrühren, mit dem Essig ablöschen. Die Zutaten 1–2 Minuten weiterdünsten, dann den Dill kurz einrühren. Den Sugo mit Salz und Pfeffer würzen.

4. Makrelen innen und außen unter fließendem kalten Wasser abspülen und trocken tupfen. Die Makrelen von beiden Seiten 3–4-mal schräg bis zur Mittelgräte einschneiden. Von innen und außen die Makrelen mit Salz, Pfeffer und Paprika bestreuen.

5. Die Zitronen heiß abspülen, abtrocknen und jeweils in 6–8 dünne Scheiben schneiden. Zitronenscheiben halbieren und in die Einschnitte der Makrelen stecken. Die Makrelen mit etwas Olivenöl bepinseln.

6. Die Makrelen in einer Grillschale oder auf einem Stück Alufolie (beides dünn mit Speiseöl bestrichen) auf den heißen Grill legen und von jeder Seite 8–10 Minuten grillen. Die Makrelen mit dem Dill-Tomaten-Sugo servieren.

Tipps: Die Makrelen sind gar, wenn sich die Rückenflossen leicht herausziehen lassen.

Die Makrelen vorsichtig wenden, damit die Zitronenscheiben nicht herausfallen.

Die Makrelen bei mittlerer Hitze grillen. Dafür den Grillrost höher stellen oder die Makrelen am Rand des Grillrosts grillen.

Dazu passt die Rucola-Mayonnaise von Seite 59 und knuspriges Baguette.

Zubereitungszeit: 25 Minuten, ohne Auftauzeit
Marinierzeit: etwa 1 Stunde
Grillzeit: etwa 10 Minuten

8 Stück • Pro Stück:
E: 13 g, F: 7 g, Kh: 6 g, kJ: 623, kcal: 149, BE: 0,5

Tintenfischspieße
Gut vorzubereiten

Zutaten: 600 g küchenfertiger TK-Tintenfisch (unpanierte Tuben oder Ringe) • 1 Knoblauchzehe • 1 Bio-Zitrone (unbehandelt, ungewachst) • 4 EL Olivenöl • 1 EL TK-Petersilie • 1 TL gerebelter Rosmarin • 2 getrocknete Lorbeerblätter • frisch gemahlener Pfeffer • je 1 rote, grüne und gelbe Paprikaschote • 2 mittelgroße Zucchini • Salz
Außerdem: 8 Holz- oder Metallspieße

1. Den Tintenfisch nach Packungsanleitung auftauen lassen, dann unter fließendem kalten Wasser abspülen und trocken tupfen. Tintenfischtuben oder -ringe in eine Schüssel geben.

2. Die Knoblauchzehe abziehen und in dünne Scheiben schneiden. Die Zitrone heiß abspülen, abtrocknen und in Scheiben schneiden.

3. Olivenöl mit Petersilie, Rosmarin, Knoblauch, Lorbeerblättern, Pfeffer und Zitronenscheiben vermengen. Die Marinade über den Tintenfisch gießen. Den Tintenfisch zugedeckt im Kühlschrank etwa 1 Stunde marinieren.

4. Paprikaschoten halbieren, entstielen, entkernen und die weißen Scheidewände entfernen. Schoten abspülen, abtropfen lassen und in mundgerechte Stücke schneiden. Zucchini abspülen, abtrocknen und die Enden abschneiden. Zucchini in etwa 1 cm dicke Scheiben schneiden.

5. Die Tintenfischteile aus der Marinade nehmen und abtropfen lassen. Paprikastücke, Zucchinischeiben und Tintenfischteile abwechselnd auf die Spieße stecken. Die Tintenfischspieße mit der Marinade bestreichen, auf den heißen Grill (gefettet) legen und unter mehrmaligem Wenden etwa 10 Minuten grillen. Tintenfischspieße mit Salz und Pfeffer bestreuen.

Tipp: Damit die Spieße nicht auf dem Grill festbrennen, sie am besten auf geölte Alufolie legen.

Dazu schmeckt ein **Knoblauch-Dip:** 150 g Crème fraîche mit 200 g Joghurt und 2 Esslöffeln Zitronensaft verrühren. 1 fein gewürfelte Knoblauchzehe unterrühren. Den Knoblauch-Dip mit Salz und Pfeffer würzen.

Zubereitungszeit: 20 Minuten
Grillzeit: 25–30 Minuten

4 Portionen • Pro Portion:
E: 41 g, F: 24 g, Kh: 6 g, kJ: 1699, kcal: 406, BE: 0,0

Curryforellen aus der Folie

Raffiniert

Zutaten: 1 Möhre • 1 Bund Frühlingszwiebeln • 1 Bio-Limette (unbehandelt, ungewachst) • 4 küchenfertige Forellen (je 250–300 g) • Salz • frisch gemahlener Pfeffer • 2–3 TL Currypulver • 4 kleine Stängel Thymian • 4 getrocknete Lorbeerblätter • 80 g weiche Butter
Außerdem: Alufolie

1. Die Möhre putzen, schälen, abspülen, halbieren und schräg in dünne Streifen schneiden. Frühlingszwiebeln putzen, abspülen, abtropfen lassen und schräg in etwa 1 cm breite Ringe schneiden. Die Limette heiß abspülen, abtrocknen und in 8 Spalten schneiden.

2. Die Forellen innen und außen unter fließendem kalten Wasser abspülen und trocken tupfen. Die Forellen von innen und außen mit Salz, Pfeffer und Currypulver bestreuen.

3. Thymianstängel abspülen und trocken tupfen. Die Forellen mit Möhrenstreifen, Frühlingszwiebelringen, Limettenspalten, Thymianstängeln und Lorbeerblättern füllen.

4. Die Butter in 4 Portionen teilen. Jede Forelle mit einer Portion Butter bestreichen und auf jeweils 1 Stück Alufolie legen. Die Alufolie zu Päckchen fest verschließen, dabei darauf achten, dass die Päckchen wirklich dicht sind.

5. Die Curryforellen in der Alufolie auf den heißen Grill legen und 25–30 Minuten grillen.

6. Die Forellenpäckchen vorsichtig auf Teller legen, leicht öffnen und in der Folie servieren.

Tipps : Die Curryforellen bei mittlerer Hitze grillen. Dafür den Grillrost höher stellen oder die Forellen am Rand des Grillrosts grillen.

Dazu schmecken das Stockbrot von Seite 73 und der Südfranzösische Kartoffelsalat von Seite 69.

Zubereitungszeit: 30 Minuten
Grillzeit: 10–12 Minuten

4 Portionen • Pro Portion:
E: 10 g, F: 25 g, Kh: 3 g, kJ: 1125, kcal: 268, BE: 0,2

Schafkäse-Tomaten-Pfännchen
Vegetarisch

Zutaten: 4 große Tomaten • 200 g Schafkäse • ½ Bund glatte Petersilie • 6 EL Olivenöl • gemahlener weißer Pfeffer • Kräuter-Gewürzsalz
Außerdem: Alufolie

1. Die Tomaten abspülen, abtrocknen, halbieren und die Stängelansätze herausschneiden. Tomatenhälften in Scheiben schneiden. Den Schafkäse ebenfalls in Scheiben schneiden.

2. Petersilie abspülen, abtropfen lassen und die Blättchen von den Stängeln zupfen. Die Blättchen fein hacken.

3. Aus doppelt gefalteter Alufolie 4 rechteckige Formen falten (etwa 8 x 12 cm) und mit etwas Olivenöl auspinseln.

4. Käse, Tomaten und zerkleinerte Petersilie dachziegelartig in die Alupfännchen schichten, mit Pfeffer und Kräuter-Gewürzsalz bestreuen. Die Alupfännchen 10–12 Minuten auf den heißen Grillrost legen.

5. Zum Servieren die Schafkäse-Tomaten-Pfännchen mit dem restlichen Olivenöl beträufeln.

Tipp: Die Schafkäse-Tomaten-Pfännchen nach dem Grillen mit etwas geriebener Bio-Zitronenschale (unbehandelt, ungewachst) bestreuen.

Auf die gleiche Weise lassen sich **Zucchini-Käse-Pfännchen** zubereiten: 4 kleine Zucchini putzen, abspülen und abtrocknen. Die Enden abschneiden. Die Zucchini längs bis kurz vor dem Ende dreimal einschneiden. 6 Scheiben Raclette-Käse längs halbieren. In jeden Zucchinieinschnitt 1 Scheibe Raclette-Käse stecken. Die Zucchini mit Salz und Pfeffer würzen. Die Alupfännchen mit 1–2 Esslöffeln Olivenöl bestreichen, die Zucchinifächer darauflegen, auf den heißen Grill legen und etwa 15 Minuten garen. Anschließend die Zucchini-Käse-Pfännchen mit Paprikapulver bestreuen und servieren.

Zubereitungszeit: 15 Minuten
Grillzeit: 10–15 Minuten

4 Portionen • Pro Portion:
E: 4 g, F: 18 g, Kh: 13 g, kJ: 971, kcal: 231, BE: 1,0

Gemüsesalat vom Grill
Mediterran

Zutaten: je 1 rote, gelbe und grüne Paprikaschote • 4 Tomaten • 1 Zucchini • 1 kleine Aubergine • etwas Olivenöl zum Einstreichen • 4 EL Balsamico-Essig • 6 EL Olivenöl • Salz • frisch gemahlener Pfeffer • 2 Handvoll vorbereitete Basilikumblätter

1. Die Paprikaschoten halbieren, entstielen und die weißen Scheidewände entfernen. Schoten abspülen, abtropfen lassen, grob schälen und vierteln.

2. Tomaten abspülen, abtrocknen, halbieren und die Stängelansätze herausschneiden.

3. Zucchini und Aubergine abspülen, abtrocknen, die Enden abschneiden und in etwa 1 cm dicke Scheiben schneiden.

4. Den Grillrost dünn mit Olivenöl bestreichen. Paprikaschotenviertel, Tomatenhälften, Zucchini- und Auberginenscheiben auf den heißen Grillrost legen. Das Gemüse am Rand des Grillrosts 10–15 Minuten grillen, dabei ab und zu wenden und mit etwas Olivenöl beträufeln.

5. Sobald es ausreichend gebräunt ist, das Gemüse vom Grillrost nehmen und in einer flachen Schale oder Auflaufform anrichten. Das Gemüse mit Balsamico-Essig und Olivenöl beträufeln.

6. Den Gemüsesalat mit Salz und Pfeffer würzen, mit abgespülten, trocken getupften Basilikumblättern bestreuen.

Tipps: Den Gemüsesalat vor den Hauptgerichten grillen.

Der Gemüsesalat passt zu frischem Baguette oder als Auflage für einen vegetarischen Burger mit einem Klecks Blauschimmel-Käse-Mayo (Seite 59) und Rucola. Für Nicht-Vegetarier ist der Salat eine leckere Beilage zu Fleisch und Fisch.

Zum Sattessen reicht die angegebene Salatmenge mit etwas Baguette für 2 Portionen.

Zubereitungszeit: 10 Minuten
Grillzeit: 20–25 Minuten

4 Stück • Pro Stück:
E: 5 g, F: 7 g, Kh: 22 g, kJ: 709, kcal: 169, BE: 1,5

Verschärfte Maiskolben

Feurig

Zutaten: 4 Maiskolben • 1 kleine Zwiebel • 2 Knoblauchzehen • 1 etwa walnussgroßes Stück Ingwer • 2 Chilischoten • 1 Bio-Limette (unbehandelt, ungewachst) • 2 EL flüssiger Honig • 3 EL Sojasauce • 2 EL Sesam- oder Erdnussöl • 1 EL Fünf-Gewürze-Pulver • 1 Prise Salz
Außerdem: Alufolie

1. Die Maiskolben von den Blättern befreien, abspülen und trocken tupfen.

2. Zwiebel und Knoblauchzehen abziehen, halbieren und in kleine Würfel schneiden. Ingwer schälen und fein reiben. Die Chilischoten kurz abspülen, abtrocknen, quer halbieren und entkernen. Chilischoten in feine Ringe schneiden.

3. Die Limette heiß abspülen, abtrocknen und die Schale fein abreiben. Limette halbieren und den Saft auspressen.

4. Honig in eine Schüssel geben. Zwiebel- und Knoblauchwürfel, Chilischotenringe, Limettenschale und -saft, Sojasauce, Sesam- oder Erdnussöl und Fünf-Gewürze-Pulver hinzufügen. Die Zutaten gut verrühren und mit Salz abschmecken.

5. Die Maiskolben auf jeweils ein Stück Alufolie legen und vollständig mit der Sauce einpinseln. Restliche Sauce auf den Maiskolben verteilen. Die Maiskolben in die Alufolie einwickeln. Die Folie gut festdrücken.

6. Die Maiskolben auf den heißen Grillrost legen und am Rand des Grillrostes 20–25 Minuten grillen, dabei die Kolben ab und zu wenden.

Tipps: Das Sesam- oder Erdnussöl kann durch Sonnenblumen- oder Olivenöl ersetzt werden.

Die Maiskolben passen gut zu Salat. Für Nicht-Vegetarier sind sie eine leckere Beilage zu Grillfleisch.

Die Maiskolben zum Servieren in Scheiben schneiden, evtl. nochmals kurz auf dem Grillrost (gefettet) bräunen und auf Spieße stecken (siehe Titelfoto)

Zubereitungszeit: 10 Minuten
Grillzeit: 2–6 Minuten

4 Portionen • Pro Portion:
E: 14 g, F: 25 g, Kh: 7 g, kJ: 1311, kcal: 313, BE: 0,5

Gegrillter Halloumi mit Tomaten-Kapern-Sugo

Einfach

Zutaten: 3 Tomaten • 2 TL feine Kapern (aus dem Glas) • 1 Bio-Zitrone (unbehandelt, ungewachst) • 1 EL flüssiger Honig • 4 EL Olivenöl • 2 TL TK-Petersilie • Salz • frisch gemahlener Pfeffer • etwas Olivenöl • 250 g Halloumi-Käse (halbfester Schnittkäse aus Zypern)

1. Tomaten abspülen, abtrocknen, halbieren, vierteln und die Stängelansätze herausschneiden. Tomatenviertel entkernen und in kleine Würfel schneiden.

2. Die Kapern in ein Sieb geben und gut abtropfen lassen. Zitrone heiß abspülen, abtrocknen und die Schale fein abreiben. Die Zitrone halbieren und den Saft auspressen.

3. Tomatenwürfel und Kapern in eine Schüssel geben. Zitronenschale und -saft, Honig, Olivenöl und Petersilie hinzufügen. Die Zutaten gut vermischen. Den Tomaten-Kapern-Sugo mit Salz und Pfeffer würzen.

4. Den Käse in 4 gleich dicke Scheiben schneiden. Die Käsescheiben in einer Grillschale oder auf einem Stück Alufolie (beides dünn mit Olivenöl bestrichen) auf den heißen Grill legen und von jeder Seite so lange grillen, bis sie goldbraun sind (etwa 1–3 Minuten pro Seite).

5. Den Käse auf einer Platte anrichten. Den Tomaten-Kapern-Sugo daraufgeben.

Tipps: Den gegrillten Halloumi mit Rucolasalat, geröstetem Fladenbrot und etwas Kräuterquark oder Pesto servieren.

Praktisch auf der Hand: Schneiden Sie 4 kleinere ovale Fladenbrote seitlich etwa bis zur Häfte ein, sodass eine Tasche entsteht. Füllen Sie die Fladenbrote mit den gegrillten Halloumi-Scheiben und dem Sugo.

Für den großen Hunger, die Halloumi-Käse-Menge verdoppeln.

Zubereitungszeit: 15 Minuten
Grillzeit: 15–20 Minuten

4 Portionen • Pro Portion:
E: 6 g, F: 15 g, Kh: 4 g, kJ: 730, kcal: 174, BE: 0,2

Gegrilltes Gemüse mit Schafkäse

Gut vorzubereiten

Zutaten: 1 rote Paprikaschote • 1 kleine Zucchini • 100 g Schafkäse • 100 g Cocktailtomaten • 1 Stängel Rosmarin • Saft von ½ Zitrone • 4 EL Olivenöl • 4 Msp. Meersalz • frisch gemahlener Pfeffer
Außerdem: Alufolie

1. Die Paprikaschote halbieren, entstielen, entkernen und die weißen Scheidewände entfernen. Schotenhälften abspülen, abtropfen lassen und in mundgerechte Stücke schneiden. Die Zucchini abspülen, abtrocknen und die Enden abschneiden. Zucchini halbieren und in Würfel schneiden. Den Schafkäse ebenfalls in Würfel schneiden.

2. Die Cocktailtomaten abspülen, abtrocknen und evtl. die Stängelansätze herausschneiden. Die Cocktailtomaten halbieren.

3. Rosmarin abspülen, trocken tupfen und die Nadeln von den Stängeln zupfen. Die Nadeln fein hacken.

4. Die Paprikastücke, Zucchini- und Schafkäsewürfel mit den Tomaten und dem Rosmarin in eine Schüssel geben. Zitronensaft, Olivenöl und Meersalz hinzufügen. Die Zutaten gut vermischen und mit Pfeffer abschmecken.

5. Aus Alufolie 8 rechteckige Stücke (je etwa 20 x 15 cm) zurechtschneiden. Jeweils 2 Folien aufeinanderlegen und zu einem Aluförmchen formen. Die Gemüsemischung in 4 Portionen teilen, auf die Aluförmchen geben und mit der restlichen Marinade beträufeln.

6. Die Gemüsepäckchen auf den heißen Grill legen und am Rand des Grillrostes 15–20 Minuten grillen.

Tipps: Dazu schmecken frisches Ciabatta und die Mayonnaisen von Seite 59.

Vor dem Grillen auf jede Gemüseportion zusätzlich noch ½ Teelöffel Pesto geben.

Zubereitungszeit: 20 Minuten, ohne Abkühl- und Durchziehzeit

Insgesamt:
E: 12 g, F: 2 g, Kh: 124 g, kJ: 2415, kcal: 577, BE: 10,0

Barbecue-Sauce (BBQ-Sauce)
Scharfer Klassiker – gut vorzubereiten

Zutaten: 1 Zwiebel • 1 kleines Bund Petersilie oder 25 g TK-Petersilie • 150 ml starker, kalter Kaffee (Espresso oder Mokka) • ½ TL Sambal Oelek • 500 ml (½ l) Tomatenketchup

1. Die Zwiebel abziehen, halbieren und in feine Würfel schneiden.

2. Die Petersilie abspülen, trocken tupfen und die Blättchen von den Stängeln zupfen. Blättchen fein hacken.

3. Den Kaffee in eine Schüssel gießen. Zwiebelwürfel, fein gehackte Petersilie oder TK-Petersilie, Sambal Oelek und Ketchup hinzufügen. Die Zutaten gut verrühren.

4. Die Barbecue-Sauce in vorbereitete Gläser oder Flaschen füllen. Die Gläser oder Flaschen fest verschließen und in den Kühlschrank stellen. Die Barbecue-Sauce etwa 8 Stunden, am besten über Nacht, durchziehen lassen.

Tipps: Ergibt etwa 600 ml Barbecue-Sauce.

Die Barbecue-Sauce sollte bei keinem Grillabend fehlen. Sie schmeckt besonders gut zu gegrillten Schweine-Nackensteaks oder -Nackenkoteletts, zu Rindersteaks oder als Beilage zu Kartoffelspalten. Auch zum Bestreichen von gegrillten Spareribs ist sie sehr gut geeignet.

Probieren Sie die Sauce zu den Cevapcici-Spießen von Seite 19.

Die Barbecue-Sauce schmeckt lange durchgezogen besonders lecker und hält sich gut verschlossen im Kühlschrank 3–4 Wochen.

Zubereitungszeit: 20 Minuten (10 Minuten für jede Mayonnaise)

Insgesamt Rucola-Mayonnaise:
E: 19 g, F: 167 g, Kh: 5 g, kJ: 6584, kcal: 1572, BE: 0,0
Insgesamt Blauschimmel-Käse-Mayonnaise:
E: 25 g, F: 290 g, Kh: 29 g, kJ: 11674, kcal: 2788, BE: 2,0

Zweierlei Mayonnaisen
Einfach lecker

Zutaten für die Rucola-Mayonnaise (im Foto hinten):
60 g Rucola (Rauke) • 150 ml Olivenöl • 1 Ei (Größe M) • 1 TL mittelscharfer Senf • Saft von ½ Zitrone • 30 g frisch geriebener Parmesan-Käse • Salz • frisch gemahlener Pfeffer • 1 Prise Zucker
Zutaten für die Blauschimmel-Käse-Mayonnaise (im Foto vorne): 500 g Salatmayonnaise • 1 TL scharfer Senf • 2 EL Weißwein-Essig • 1 kleines Bund Schnittlauch • 100 g cremiger Blauschimmel-Käse ohne Rinde, z. B. Gorgonzola • Salz • frisch gemahlener Pfeffer • 1 Prise Zucker

1. Für die Rucola-Mayonnaise vom Rucola die dicken Stängel abschneiden. Rucola abspülen, gut abtropfen lassen und etwas kleiner zupfen. Rucola mit Olivenöl in einem hohen Rührbecher fein pürieren. Ei, Senf und Zitronensaft hinzugeben.

2. Den Pürierstab auf den Rührbecherboden setzen und während des Pürierens langsam vom Boden hochziehen, sodass eine homogene Masse entsteht. Parmesan kurz unterziehen. Die Mayonnaise mit Salz, Pfeffer und Zucker würzen.

3. Für die Blauschimmel-Käse-Mayonnaise die Salatmayonnaise mit Senf und Essig in einer Schüssel verrühren. Schnittlauch abspülen, trocken tupfen und in feine Röllchen schneiden. Den Käse zerbröseln. Die Käsebrösel unter die Mayonnaise rühren. Die Blauschimmel-Käse-Mayonnaise mit Salz, Pfeffer und Zucker würzen und mit Schnittlauchröllchen bestreuen.

Tipps: Ergibt etwa 350–400 ml Rucola-Mayonnaise und 600–700 ml Blauschimmel-Käse-Mayonnaise.

Für die Rucola-Mayonnaise nur ein ganz frisches Ei verwenden, das nicht älter als 5 Tage ist (Legedatum beachten!). Die Mayonnaise im Kühlschrank aufbewahren und innerhalb von 24 Stunden verzehren.

Bei der Rucola-Mayonnaise kann der Rucola durch frische Basilikumblätter oder getrocknete Tomaten ersetzt werden.

Zusätzlich ½ Teelöffel rosa Pfefferbeeren unter die Blauschimmel-Käse-Mayonnaise rühren.

Die Blauschimmel-Käse-Mayonnaise ist gut verschlossen im Kühlschrank etwa 1 Woche haltbar.

Zubereitungszeit: 20 Minuten (10 Minuten für jede Sauce)

Insgesamt Curry-Sauce:
E: 20 g, F: 5 g, Kh: 227 g, kJ: 4448, kcal: 1063, BE: 18,0
Insgesamt Saté-Sauce:
E: 18 g, F: 72 g, Kh: 21 g, kJ: 4700, kcal: 1136, BE: 1,5

Blitzschnelle Curry- und Saté-Sauce

Pikant

Tipps: Ergibt etwa 1,2 Liter Curry-Sauce und etwa 400 ml Saté-Sauce

Für die Curry-Sauce zusätzlich 1 kleines Bund Frühlingszwiebeln und 1 große, rote Chilischote abspülen und abtropfen lassen. Die Chilischote entkernen. Frühlingszwiebeln und Chilischote in feine Ringe schneiden und mit den anderen Zutaten aufkochen lassen.

Die Curry-Sauce ist in gut verschlossenen Flaschen im Kühlschrank etwa 1 Monat haltbar.

Für die Saté-Sauce je nach Geschmack etwas mehr oder weniger Currypaste verwenden. Für eine cremigere Konsistenz, etwas mehr Erdnussbutter einrühren.

Die Saté-Sauce ist in gut verschlossenen Flaschen im Kühlschrank 3–4 Tage haltbar.

Beide Saucen schmecken zu Saté-Spießen.

Zutaten für die Curry-Sauce (im Foto links): 350 ml Wasser • 2 EL indisches Currypulver • 1 EL Paprikapulver rosenscharf • 2 EL Sambal Oelek • 2 EL Zucker • 750 ml (¾ l) Tomatenketchup
Zutaten für die Saté-Sauce (im Foto rechts): 1 Knoblauchzehe • 2 EL dunkles Sesamöl • 1 TL rote Currypaste • 250 ml (¼ l) Kokosmilch • 4 EL Erdnussbutter (Erdnusscreme, crunchy) • Salz • etwas Zucker

1. Für die Curry-Sauce Wasser, Currypulver, Paprikapulver, Sambal Oelek und Zucker in einen Topf geben. Die Zutaten unter Rühren einmal aufkochen lassen. Den Topf von der Kochstelle nehmen, das Ketchup einrühren. Die Curry-Sauce abkühlen lassen.

2. Für die Saté-Sauce Knoblauch abziehen und durch eine Knoblauchpresse drücken oder sehr fein hacken. Sesamöl in einem Topf erhitzen. Knoblauchwürfel und Currypaste hinzufügen und leicht dünsten, aber keine Farbe nehmen lassen.

3. Die Knoblauch-Curry-Mischung mit Kokosmilch ablöschen und einmal aufkochen lassen. Den Topf von der Kochstelle nehmen und die Erdnussbutter einrühren. Die Saté-Sauce mit Salz und Zucker würzen und abkühlen lassen.

Zubereitungszeit: 30 Minuten (15 Minuten für jeden Dip)

Insgesamt Rote-Linsen-Dip:
E: 54 g, F: 24 g, Kh: 128 g, kJ: 3997, kcal: 955, BE: 10,5
Insgesamt Hummus:
E: 43 g, F: 87 g, Kh: 88 g, kJ: 5502, kcal: 1316, BE: 7,5

Rote-Linsen-Dip und Hummus

Orientalisch

Zutaten für den Rote-Linsen-Dip (im Foto rechts): 200 g rote Linsen • 400 ml Gemüsebrühe • 1 Bio-Limette (unbehandelt, ungewachst) • 2 EL Keimöl • Salz • Cayennepfeffer • 1–2 TL flüssiger Honig • 5 Stängel Koriander • 1 EL Joghurt
Zutaten für den Hummus (im Foto links): 400 g Kichererbsen (aus der Dose) • 1–2 Knoblauchzehen • 3 EL Tahini (Sesampaste) • 3 EL Olivenöl • 3 EL Zitronensaft • 1 TL Kreuzkümmel (Cumin) • Kichererbsensud (aus der Dose) • Salz • gemahlener Pfeffer • 1 EL Olivenöl

1. Für den Rote-Linsen-Dip Linsen mit Gemüsebrühe aufkochen lassen. Die Linsen nach Packungsanleitung garen.

2. Die Limette heiß abspülen, abtrocknen und die Schale fein abreiben. Limette halbieren, den Saft auspressen. Keimöl und Limettenschale zu den Linsen geben. Die Linsen in der Brühe pürieren. Das Püree mit Salz, Cayennepfeffer, Honig und etwas Limettensaft würzen und abkühlen lassen.

3. Koriander in der Zwischenzeit abspülen, trocken tupfen und die Blätter von den Stängeln zupfen. Blätter in feine Streifen schneiden. Korianderblätter und Joghurt unter den Linsen-Dip rühren. Den Dip nochmals mit Salz, Cayennepfeffer und Limettensaft abschmecken.

4. Für den Hummus Kichererbsen in einem Sieb gut abtropfen lassen, den Sud dabei auffangen. Kichererbsen in einen hohen Rührbecher geben. Knoblauch abziehen, mit Tahini, Olivenöl, Zitronensaft und Kreuzkümmel zu den Kichererbsen geben.

5. Gut die Hälfte des aufgefangenen Kichererbsensuds dazugießen. Die Zutaten fein pürieren. Ist die Masse noch zu fest, nach und nach mehr Sud dazugießen, bis eine cremig-feine Masse entstanden ist. Das Mus mit wenig Salz und Pfeffer abschmecken, mit Olivenöl besprenkeln.

Tipps: Den Rote-Linsen-Dip mit rohen Gemüsestreifen zum Beispiel von Möhren, Staudensellerie, roten und gelben Paprikaschoten servieren.

Koriander kann bei dem Rote-Linsen-Dip durch glatte Petersilie oder Basilikum ersetzt werden.

Den Hummus mit einigen Kichererbsen garnieren, diese vor dem Pürieren beiseitelegen.

Beide Dips können 1–2 Tage vorher zubereitet und gut verschlossen im Kühlschrank aufbewahrt werden.

Zubereitungszeit: 30 Minuten

3–4 Portionen • Pro Portion:
E: 20 g, F: 22 g, Kh: 57 g, kJ: 2142, kcal: 512, BE: 4,5

Nudelsalat all'arrabbiata

Pikant

Zutaten: 2 ½ l Wasser • 2 ½ gestr. TL Salz • 250 g Nudeln, z. B. Maccheroni • 1 Knoblauchzehe • 80 g Frühstücksspeck (Bacon) • 200 g Cocktailtomaten • 15 schwarze Oliven, ohne Stein • einige Stängel Petersilie • 150 g Joghurt • 1 EL Tomatenmark • 2 EL Balsamico- oder Weißwein-Essig • Salz • frisch gemahlener Pfeffer • 1 Prise Zucker • 1 Prise Chiliflocken oder Cayennepfeffer
Außerdem: 50 g frisch gehobelter Parmesan-Käse

1. Wasser in einem großen, geschlossenen Topf zum Kochen bringen. Dann Salz und Nudeln hinzugeben. Die Nudeln im geöffneten Topf bei mittlerer Hitze nach Packungsanleitung bissfest kochen, dabei gelegentlich umrühren.

2. Knoblauch in der Zwischenzeit abziehen und fein würfeln. Speck in kleine Würfel schneiden und in einer heißen Pfanne ohne Fett anbraten. Knoblauchwürfel kurz mitbraten. Die Zutaten auf einen Teller geben.

3. Die garen Nudeln in ein Sieb geben, mit kaltem Wasser abspülen und abtropfen lassen. Nudeln in eine Schüssel geben.

4. Tomaten abspülen, abtrocknen, halbieren und evtl. die Stängelansätze herausschneiden. Die Petersilie abspülen, trocken tupfen und die Blättchen von den Stängeln zupfen. Einige Blättchen zum Garnieren beiseitelegen. Restliche Blättchen fein hacken.

5. Joghurt mit Tomatenmark und Essig in einer Schüssel verrühren. Die Joghurtmischung mit Salz, Pfeffer, Zucker und Chili oder Cayennepfeffer würzen. Das Dressing unter die Nudeln mischen. Tomatenhälften, Oliven, gehackte Petersilie und Speck-Knoblauch-Mischung hinzugeben, unter den Nudelsalat mischen. Den Salat evtl. nochmals mit Essig, Salz, Pfeffer, Zucker und Chili oder Cayennepfeffer abschmecken.

6. Den Nudelsalat in einer Schüssel oder Schale anrichten, mit gehobeltem Parmesan-Käse bestreuen und mit den beiseitegelegten Petersilienblättchen garniert servieren.

Tipps: Der Salat schmeckt auch mit Vollkornnudeln.

Essen Vegetarier mit, den Nudelsalat ohne Speck zubereiten.

Zubereitungszeit: 15 Minuten

4 Portionen • Pro Portion:
E: 5 g, F: 10 g, Kh: 24 g, kJ: 1041, kcal: 248, BE: 2,0

Verfeinerter Krautsalat
Darf nicht fehlen

Zutaten: 50 g Sonnenblumenkerne • 2 Äpfel (z. B. Elstar) • 400 g frischer Krautsalat (mit Paprika und Zwiebeln, aus dem Kühlregal) • 1 Bund Schnittlauch • Salz • frisch gemahlener Pfeffer • Zucker

1. Die Sonnenblumenkerne in einer Pfanne ohne Fett unter Wenden goldbraun rösten und auf einen Teller geben.

2. Äpfel abspülen und abtrocknen. Von den Äpfeln rundherum schmale Scheiben abschneiden, sodass nur noch das Kerngehäuse als Block übrig bleibt. Die Apfelscheiben in schmale Streifen schneiden und sofort unter den Krautsalat heben.

3. Schnittlauch abspülen, trocken tupfen und in feine Röllchen schneiden. Die Schnittlauchröllchen unter den Salat rühren. Den Krautsalat mit Salz, Pfeffer und Zucker abschmecken.

Tipps: Zusätzlich noch 200 g geraspelte Möhren unter den Salat heben.

Der frische Schnittlauch kann durch 25 g TK-Schnittlauch ersetzt werden.

Für einen asiatisch verfeinerten Krautsalat ein daumengroßes Stück frischen Ingwer schälen, fein reiben oder hacken und unter den Salat heben.

Anstelle der Sonnenblumenkerne Sesamsamen rösten und statt Schnittlauch ½ Bund abgespülte, trocken getupfte Korianderblätter unterheben.

Zubereitungszeit: 25 Minuten

4 Portionen • Pro Portion:
E: 21 g, F: 33 g, Kh: 30 g, kJ: 2149, kcal: 515, BE: 2,0

Südfranzösischer Kartoffelsalat

Mal was anderes – mit Alkohol

Zutaten: 750 g gegarte Pellkartoffeln • 125 ml (⅛ l) heiße Gemüsebrühe • 4 Stangen Staudensellerie • 100 g Salatmayonnaise • 4 EL trockener Weißwein • 1 TL Dijon-Senf • Salz • frisch gemahlener Pfeffer • ½ TL gerebelter Majoran • 250 Ziegengouda-Käse • 240 g abgetropfte Artischockenherzen (aus der Dose) • 270 g abgetropfte Spargelstücke (aus dem Glas)

1. Die Pellkartoffeln pellen, halbieren, in Spalten schneiden und in eine große Salatschüssel geben. Brühe hinzugeben und untermischen. Die Kartoffelspalten kurz durchziehen lassen.

2. In der Zwischenzeit den Staudensellerie putzen und die harten Außenfäden abziehen. Einige Blättchen zum Garnieren beiseitelegen. Sellerie abspülen, abtropfen lassen und in Scheiben schneiden.

3. Die Mayonnaise in einer Schüssel mit Wein und Senf verrühren. Die Sauce mit Salz, Pfeffer und Majoran würzen, zu den Kartoffelspalten geben und untermischen.

4. Den Käse in Würfel schneiden. Artischockenherzen halbieren, mit Spargelstücken, Selleriescheiben und Käsewürfeln unter den Kartoffelsalat mischen. Den Kartoffelsalat nochmals mit Salz, Pfeffer und Senf abschmecken.

5. Die beiseitegelegten Sellerieblätter abspülen, trocken tupfen und den Salat damit garnieren.

Tipps: Statt mit Senf können Sie die Sauce auch mit einem Hauch Currypulver verfeinern.

Besonders edel wird der Salat mit gekochten Wachteleiern oder gegarten Garnelen.

Für den Salat können statt der Artischockenherzen auch feine Kenia-Böhnchen aus der Dose verwendet werden.

Zubereitungszeit: 10 Minuten, ohne Röstzeit

4 Portionen • Pro Portion:
E: 6 g, F: 18 g, Kh: 24 g, kJ: 1170, kcal: 279, BE: 1,5

Bruschetta mit Sardellen

Knusprig – mediterran

Zutaten: 1–2 Knoblauchzehen • 6 Tomaten (etwa 700 g) • 8 abgetropfte Sardellenfilets in Öl • Salz • frisch gemahlener Pfeffer • 4 EL Olivenöl • 8 Scheiben Baguette • etwas Olivenöl zum Beträufeln • einige vorbereitete Basilikumblätter

1. Den Knoblauch abziehen. Tomaten abspülen, abtrocknen, halbieren, vierteln und die Stängelansätze herausschneiden. Tomatenviertel entkernen und in etwa 1 cm kleine Würfel schneiden. Tomatenwürfel in eine Schüssel geben.

2. Die Sardellen in grobe Stücke hacken, zu den Tomatenwürfeln geben und vermischen. Die Tomaten-Sardellen-Mischung mit Salz und Pfeffer würzen. Das Olivenöl unterrühren.

3. Die Baguettescheiben auf den heißen Grill (gefettet) legen und von jeder Seite kurz goldgelb rösten. Die Baguettescheiben während des Röstens mit etwas Olivenöl bestreichen.

4. Die Baguettescheiben vom Grill nehmen und sofort mit dem abgezogenen Knoblauch einreiben. So lange reiben, bis nichts mehr von dem Knoblauch übrig ist.

5. Die Tomaten-Sardellen-Mischung evtl. etwas abtropfen lassen, auf den Baguettescheiben verteilen, mit Basilikumblättern garnieren und sofort servieren.

Tipps: Zusätzlich etwa ½ Teelöffel Tomatenmark zu der Tomaten-Sardellen-Mischung geben.

Statt Baguette können Sie auch Ciabatta oder frisches Landbrot verwenden.

Wenn Sie keine Sardellen mögen, können Sie diese ersatzlos weglassen.

Zubereitungszeit: 20 Minuten, ohne Teiggehzeit
Grillzeit: 10–12 Minuten

8–10 Stück • Pro Stück:
E: 6 g, F: 3 g, Kh: 39 g, kJ: 895, kcal: 214, BE: 3,0

Stockbrot
Beliebter Barbecue-Klassiker

Zutaten: 400 g Weizenmehl • 1 Pck. Dr. Oetker Trockenbackhefe • 100 g Haferflocken, blütenzart • 1 TL Zucker • 1–2 TL Salz • 1 TL getrocknete Kräuter der Provence • 250 ml (¼ l) warmes Wasser • 2 EL Sonnenblumenöl
Außerdem: 8–10 Stöcke (80 cm lang) • Alufolie

1. Das Mehl in eine Rührschüssel geben und mit Trockenbackhefe sorgfältig vermischen. Haferflocken, Zucker, Salz und Kräuter ebenfalls untermischen. Wasser und Sonnenblumenöl unter Rühren mit Handrührgerät mit Knethaken auf niedrigster Stufe dazugießen. Alle Zutaten auf höchster Stufe in etwa 5 Minuten zu einem glatten Teig verarbeiten.

2. Den Teig zugedeckt so lange an einem warmen Ort gehen lassen, bis er sich sichtbar vergrößert hat (etwa 30 Minuten). Die Stöcke an einem Ende fest mit Alufolie umwickeln.

3. Den Teig nochmals kräftig durchkneten und in 8–10 gleich große Portionen teilen. Die Portionen mit den Händen zu länglichen, dünnen Rollen formen. Die Rollen jeweils an der mit Folie umwickelten Spitze nicht zu fest um den Stock wickeln und die Enden festdrücken.

4. Den Teig nicht zu dicht an und auf keinen Fall direkt in die heiße Glut oder ins Feuer (Lagerfeuer oder Grill) halten und unter Drehen 10–12 Minuten backen.

Tipp: Aus dem Teig im Backofen ein Fladenbrot backen. Dazu den Teig auf einem Backblech (gefettet) etwa 1 cm dick zu einem großen Fladen ausrollen. Den Teig zugedeckt nochmals an einem warmen Ort etwa 15 Minuten gehen lassen. Dann das Brot im vorgeheizten Backofen etwa 12 Minuten backen (Ober-/Unterhitze: etwa 240 °C, Heißluft: etwa 220 °C).

Zubereitungszeit: 10 Minuten, ohne Röstzeit

4 Portionen • Pro Portion:
E: 3 g, F: 16 g, Kh: 22 g, kJ: 1001, kcal: 239, BE: 1,5

Katalanisches Tomatengrillbrot
Einfach lecker

Zutaten: 4 Knoblauchzehen • 2 Tomaten (etwa 220 g) • 8 Scheiben Baguette, schön lang geschnitten • 4–8 EL Olivenöl • etwas grobes Meersalz • frisch gemahlener Pfeffer

1. Den Knoblauch abziehen. Tomaten abspülen, abtrocknen, halbieren und die Stängelansätze herausschneiden.

2. Die Baguettescheiben auf den heißen Grill (gefettet) legen und von jeder Seite kurz goldgelb rösten.

3. Die Baguettescheiben vom Grill nehmen und sofort mit dem abgezogenen Knoblauch einreiben. So lange reiben, bis nichts mehr von dem Knoblauch übrig ist.

4. Anschließend die Baguettescheiben mit den angeschnittenen Seiten der Tomatenhälften einreiben und mit Olivenöl beträufeln. Baguettescheiben mit Meersalz und Pfeffer bestreuen und sofort servieren.

Tipps: Die Brotscheiben zusätzlich mit frisch gehobeltem Parmesan-Käse und/oder vorbereitetem Rucola (Rauke) bestreuen.

Die Tomatenhälften nach dem Abreiben auf den heißen Grill (gefettet) legen, mit Salz und Pfeffer würzen und zu Grillfleisch oder -fisch servieren.

Zubereitungszeit: 10 Minuten

4 Stück • Pro Stück:
E: 2 g, F: 3 g, Kh: 21 g, kJ: 492, kcal: 118, BE: 2,0

Marshmallow-Sandwiches
Süßer Abschluss

Zutaten: 8 große Marshmallows • 8 Butterkekse (mit oder ohne Schokolade)
Außerdem: 4 lange Holz-Schaschlikspieße oder Stöcke

1. Je 2 Marshmallows direkt nebeneinander auf einen langen Schaschlikspieß oder Stock stecken.

2. Die Marshmallow-Spieße über den heißen Grill oder das Lagerfeuer halten und dabei immer wieder drehen. Die Marshmallows so lange erhitzen, bis sie leicht bräunen und auf dem Schaschlikspieß oder Stock zu rutschen beginnen.

3. Je 2 Kekse wie ein Sandwich an die beiden Marshmallows legen und andrücken. Die Marshmallows mit den Keksen vom Schaschlikspieß oder Stock ziehen. Die Marshmallow-Sandwiches noch warm essen.

Tipps: Die Marshmallows vorsichtig essen, sie sind besonders innen sehr heiß!

Für diesen kleinen süßen Snack eigenen sich verschiedene Kekse. Besonders lecker sind dünne, knusprige Kekse.

In Asia-Läden gibt es gut geeignete, lange Bambusstöcke zum Aufspießen.

Alphabetisches Register

Ratgeber und allgemeine Hinweise

Abkürzungen

EL = Esslöffel
TL = Teelöffel
Msp. = Messerspitze
Pck. = Packung/Päckchen
g = Gramm
kg = Kilogramm
ml = Milliliter
l = Liter
evtl. = eventuell
geh. = gehäuft
gestr. = gestrichen
TK = Tiefkühlprodukt
E = Eiweiß
F = Fett
Kh = Kohlenhydrate
kJ = Kilojoule
kcal = Kilokalorien
BE = Broteinheiten

Hinweise zu den Rezepten

Die Rezepte sind – wenn nicht anderes angegeben – für 4 Personen berechnet. Lesen Sie bitte vor der Zubereitung – besser noch vor dem Einkauf – das Rezept einmal vollständig durch. So werden Arbeitsabläufe oder -zusammenhänge verständlicher. Die Zutaten sind in der Reihenfolge ihrer Verarbeitung aufgeführt. Die in den Rezepten angegebenen Gar- und Grillzeiten sowie die Temperaturen sind Richtwerte, die je nach individueller Hitzeleistung des Grillgerätes (Holzkohle-, Elektro-, Gas- oder Tischgrill) über oder unterschritten werden können. Beachten Sie die Gebrauchsanweisung des Herstellers.

Zubereitungszeiten

Die Zubereitungszeit ist ein Anhaltswert für die Zeit der Vorbereitung und die eigentliche Zubereitung. Die Marinier-, Grill- und Garzeiten sind gesondert ausgewiesen. Wartezeiten wie etwa Kühl- und Auftauzeiten sind nicht mit einbezogen.

Sicheres Grillen

Beachten Sie immer die entsprechenden Sicherheitshinweise des Herstellers!

Stellen Sie den Grill auf einen nicht entflammbaren Untergrund. Damit es nicht umkippen kann, muss das Gerät fest und ebenerdig stehen.

Wichtig: Greifen Sie beim Anzünden des Brennmaterials niemals zu Brandbeschleunigern wie Spiritus, Benzin oder Terpentin! Diese Stoffe sind leicht entflammbar und deshalb viel zu gefährlich!

Grilltipps

Achten Sie beim Kauf darauf, dass der Grillrost höhenverstellbar ist. So kann die Hitzezufuhr reguliert werden und das Grillgut bei unterschiedlichen Temperaturen garen. Wird das Grillgut längere Zeit gegrillt (15–30 Minuten), sollte es auf dem Grillrost möglichst weit hoch gesetzt werden, damit es nicht zu stark bräunt, bevor es gar ist. Wichtig ist auch das mehrmalige Umdrehen des Grillguts.

Das Einfetten des Rostes ist ratsam, damit das Grillgut am Grillrost nicht kleben bleibt.

Besonders Fisch und Gemüse sollten in dünn mit hoch erhitzbarem Speiseöl bestrichenen Alu-Grillschalen oder auf Alufolie (ebenfalls dünn mit Speiseöl bestrichen) gegrillt werden. Die Garzeiten verlängern sich dabei kaum. Generell können Sie jedoch jedes Grillgut in Alu-Grillschalen oder auf Alufolie grillen. So wird verhindert, dass Fleischsaft und Fett in die Glut tropfen und sich der evtl. dadurch aufsteigende, gesundheitsschädliche Rauch an der Oberfläche der Lebensmittel festsetzt.

Für Fragen, Vorschläge oder Anregungen stehen Ihnen der
Verbraucherservice der Dr. Oetker Versuchsküche
Telefon: 00800 71 72 73 74 Mo.–Fr. 8:00–18:00 Uhr,
Sa. 9:00–15:00 Uhr (gebührenfrei in Deutschland)
oder die Mitarbeiter des Dr. Oetker Verlages
Telefon: +49 (0) 521 520651 Mo.–Fr. 9:00–15:00 Uhr zur Verfügung.
Oder schreiben Sie uns: Dr. Oetker Verlag KG, Am Bach 11, 33602 Bielefeld
oder besuchen Sie uns im Internet unter www.oetker-verlag.de oder www.oetker.de.

Umwelthinweis — Dieses Buch und der Einband wurden auf chlorfrei gebleichtem Papier gedruckt. Die Einschrumpffolie – zum Schutz vor Verschmutzung – ist aus umweltfreundlichem und recyclingfähigem PE-Material.

Redaktion — Christina Langner

Titelfoto — Thomas Diercks (Fotostudio Diercks), Hamburg

Innenfotos — Walter Cimbal, Hamburg (S. 72)
Fotostudio Diercks – Thomas Diercks, Kai Boxhammer, Christiane Krüger), Hamburg (S. 20, 24–36, 42)
Antje Plewinski, Berlin (S. 4–18, 22, 38, 40, 44–62, 66, 70, 74, 76)
Hans-Joachim Schmidt, Hamburg (S. 64, 68)

Foodstyling — Anke Rabeler, Berlin

Rezeptentwicklung und -beratung — Olaf Brummel, Bielefeld

Nährwertberechnungen — Nutri Service, Hennef

Grafisches Konzept, Satz und Gestaltung — kontur:design GmbH, Bielefeld
Titelgestaltung — kontur:design GmbH, Bielefeld

Reproduktionen — Otterbach Medien KG GmbH & Co., Rastatt
Druck und Bindung — Druckerei Stürtz, Würzburg

ISBN: 978-3-7670-0846-5